D1735304

Franco Biondi

giri e rigiri, laufend
Gedichte, italienisch-deutsch

Der zweisprachige Gedichtband *giri e rigiri, laufend* besteht aus zwei Gedichtzyklen. Im ersten Zyklus, auf Italienisch verfaßt und vom Dichter ins Deutsche übertragen, setzt Franco Biondi sich mit dem Italien der Gegenwart auseinander. Hier wird ein Bild von Italien gezeichnet, wo die Menschen kaum noch auf der Piazza flanieren, sondern Geselligkeit vor allem vor dem Fernseher pflegen. Vorgestellt wird ein Land, das in seiner Mittelmeeratmosphäre döst und in Talkshows den seelischen Striptease konsumiert. Der Titel des Zyklus »I mi zir« (in etwa »meine Gänge«) weist auf den unvollendeten Abschied eines in der Fremde lebenden Italieners hin, der seinen Abschied mit einem selbstironischen Unterton feiert.

Der zweite Teil des Bandes umfaßt einen Zyklus von Gedichten mit dem Titel »laufend«, die auf Deutsch verfaßt und vom Verfasser selbst ins Italienische übertragen wurden. In diesen Gedichten läßt sich der Autor von den Augenblicken des Alltags leiten. Trotz des allgegenwärtigen gesellschaftlichen Staus aber zeichnet der Dichter auch subjektive Momente und Nischen, die hinausführen.

Franco Biondi, geboren 1947 in Forlì, kam 1965 in die Bundesrepublik; Romancier, Essayist und Lyriker. Ehrengabe der Bayrischen Akademie der Schönen Künste, Adelbert von Chamisso-Preis. Veröffentlichungen: *nicht nur gastarbeiterdeutsch* (Gedichte, 1979), *Abschied der zerschellten Jahre* (Novelle, 1984), *Passavantis Rückkehr* (Erzählungen, 1985), *Die Unversöhnlichen* (Roman, 1991), *Ode an die Fremde* (Gedichte, 1995). Bei Brandes & Apsel: *In deutschen Küchen* (Roman, 1997), *Der Stau* (Roman, 2001).

Franco Biondi

giri e rigiri, laufend

Gedichte, italienisch-deutsch

Brandes & Apsel

Auf Wunsch informieren wir regelmäßig
über das Verlagsprogramm:
Brandes & Apsel Verlag, Scheidswaldstr. 33,
D-60385 Frankfurt a. M.
E-Mail: brandes-apsel@t-online.de
Internet: www.brandes-apsel-verlag.de

literarisches programm 108

1. Auflage 2005
© Brandes & Apsel Verlag GmbH, Frankfurt am Main
Alle Rechte vorbehalten
Lektorat: Volkhard Brandes, Frankfurt am Main
DTP: Wolfgang Gröne, Groß-Zimmern
Umschlag: MDDigitale Produktion, Petra Sartowski, Maintal
Umschlagabbildung: Ursula Keupert, Lebendige Steine, 1991
Foto Umschlagrückseite: Markus Kirchgessner, Frankfurt am Main
Druck und Verarbeitung: Tiskarna Ljubljana d. d.,
Printed in Slovenia
Gedruckt auf säurefreiem, alterungsbeständigem und
chlorfrei gebleichtem Papier.

Bibliografische Information Der Deutschen Bibliothek:
Die Deutsche Bibliothek verzeichnet diese Publikation in der
Deutschen Nationalbibliografie; detaillierte bibliografische Daten
sind im Internet über http://dnb.ddb.de abrufbar

ISBN 3-86099-508-1

I mi zir

Poesie circolate
Zirkuläre Gedichte

passo il confine
un puzzo secolare m'assale

dopo il valico le radio private
s'imbrogliano nell'aria

con voci libere di cervelli lavati
che gonfiano di vuoto la luce

ich passiere die Grenze
jahrhundertalter Gestank
greift mich an

nach dem Paß Privatsender
verwursteln sich in einer Luft

aus freien Stimmen von ausgewaschenen
                                    Hirnen
die das Licht mit Leere füllen

ma ecco una luna arrotondata
che illumina la lavina di fari

sangue spruzza su un fazzoletto d'asfalto
incorniciato da automobili in sordina

mentre l'occhio delle notti
dorme da sempre

ein gerundeter Mond ist jedoch anwesend
und erhellt die Leuchtlawine

Blut spritzt auf ein Tuch aus Asphalt
umrahmt von schallgedämpften Autos

während das Auge der Nächte
seit jeher schläft

arrivato
abbracciato
ci siamo osservati

poi ci siamo scambiati
l'elenco di antiche novità

infine si è steso il corpo sul letto
di fronte alla porta di vetro

solo la mia tosse mi dice
che sono qui

angekommen
umarmt
haben wir uns betrachtet

dann haben wir ausgetauscht
die Liste der antiken Neuigkeiten

schließlich hat sich der Körper hingelegt
der Glastür gegenüber hingestreckt

nur mein Husten sagt mir
daß ich hier bin

mi hanno chiesto:
che cosa racconti?

annaspando
nella selva delle immagini
nella giungla dei pensieri
nell'aiuola dei sentimenti

ammutolisco:
qui
non ha parole
il mio quotidiano tedesco

sie haben mich gefragt:
was erzählst du?

ich habe herumgefuchtelt
im Bildergestrüpp
im Dschungel der Gedanken
im Beet der Gefühle

und verstumme:
hier
hat mein deutscher Alltag
keine Worte

cicalano e schiamazzano
le vecchie davanti all'isolato
in agguato per le novità:
colmano l'aspettare di sempre
festeggiano l'immobilità

vor dem Wohnblock die alten Frauen
gackern und grölen
neuigkeitslauernd:
sie füllen das ewige Abwarten
feiern die Bewegungslosigkeit

tutti gli anni venire
per scoprire sentimenti remoti
le stesse bugie via antenna
le stesse voci rassegnate in piazza
raccontarmi le stesse cose
e tutti gli anni andare

alljährlich ankommen
um uralte Gefühle zu entdecken
die gleichen Lügen via Antenne
die gleichen resignierten Stimmen auf der Piazza
mir die gleichen Dinge erzählen
alljährlich gehen

vociferazioni: parole inflazionate
al supermercato d'immagini sradicate

sprofondo in una lingua
sentimentalmente arcaica

scavo in parole smembrate
metabolizzate altrove

geräuschvolle Reden: inflationierte Worte
auf dem Supermarkt der entwurzelten Bilder

ich versinke in eine Sprache
vom Gefühl her archaisch

ich höhle zergliederte Worte aus
woanders einverleibt

i vecchi magneti
funzionano ancora:

ed ecco la solita piazza
ed ecco i giovani con l'outfit diverso e comune
ed ecco l'acclamato atteggiamento di vita cool

per sbiancare le emozioni
per vincere la suprema insicurezza

die alte Magneten
wirken unverändert:

und nun die immergleiche Piazza
und nun die Jugendlichen
          mit dem gewöhnlich ungewöhnten Outfit
und nun die bejubelte Unnahbarkeit

um die Gefühle zu bleichen
um die beherrschende Unsicherheit zu besiegen

i vestiti qui esprimono
la sostenibilità dell'esistenza

i supermercati mascherano con il cellofan
i centri di lavoro forzato in periferia

la pelle di colore screzia
il quotidiano della piazza

fra sguardi pigri e tolleranza teatrale
fra pensieri ed emozioni frazionate

il reo designato è già in agguato
e l'atto non avrà nessun colpevole

die Kleider hier drücken
die Erträglichkeit der Existenz aus

die Supermärkte verkleiden mit Cellophan
die Arbeitslagerzentren in der Peripherie

die farbige Haut besprenkelt
den Alltag auf der Piazza

unter faulen Blicken und theatralischer Toleranz
zwischen Gedanken und zerfaserten Gefühlen

im Versteck lauert bereits der designierte Täter
und die Tat wird keinen Schuldigen haben

i pomeriggi davanti al caseggiato
sono morti

uccise le sere
sotto il tiglio

i vicini si rinchiudono
in copioni di telenovelas

spogliarellano i sentimenti
in spettacoli di spudore

in una attesa a puntate
senza se stessi

die Nachmittage vor dem Wohnblock
sind gestorben

getötet die Abende
unter der Linde

die Nachbarn schließen sich
in Telenovela-Drehbüchern ein

entkleiden ihre Gefühle
in Schamlosigkeits-talk-shows

in einem Abwarten mit Fortsetzung
ohne sich selbst

ti osservo in modo strabico
sì: ti guardo
come se io fossi venuto a congedarti

e congedata
ti vedrò ancora
per tanti anni andare

ich betrachte dich schieläugig
ja: ich blicke dich so an
als wäre ich gekommen
            um dich zu verabschieden

und verabschiedet
werde ich dich jahrelang
gehen sehen

per esempio adesso allacciata
al modulo d'espansione d'un computer
che ti piazza un piatto di lasagne surgelate
fra le fibre della dentiera
e ti schiaffa nel mezzo delle occhiaie
cinquanta teleberlusconi
mentre tu ti masturbi in cima ai timpani
con le canzonette di Andreotti
viaggiando ai zero all'ora sulla A1
e telefonando con qualche nemico personale
ma certo ma certo
le dittature si proliferano solo in periferia
qui regna solo l'imperativo
della totale efficienza del tempo
e chi non è d'accordo
vada altrove
dove gli spediremo i prodotti made in italy

zum Beispiel jetzt angeschlossen
an den Expansionsmodem eines Computers
der dir einen Teller eingefrorene Lasagne
zwischen Gebißfasern plaziert
und in die Mitte deiner Augen
fünfzig Teleberlusconis schmeißt
während du dir einen runterholst
auf der Spitze des Trommelfells
mit den Liedchen von Andreotti
im Stau auf der A1
und gleichzeitig du mit einem
deiner persönlichen Feinde telefonierst
aber sicher aber doch
die Diktaturen vermehren sich einzig in der Peripherie
hier herrscht nur der Imperativ
der totalen Zeiteffizienz
und wem es nicht paßt
der gehe dorthin
wo wir ihm das made-in-italy zuschicken werden

assaporo
lo svolazzo dei gabbiani
il pisolo delle barche
l'odore chimico delle onde
la culla del vento

godo
gli sbalzi delle parole
le gioie degli abbracci
lo scorrazzare delle cosce
i giochi a palla

ti vivo
annusandoti coscientemente
senza rammarichi
con nostalgia
con piacere

ich koste
das Umherschwirren der Möwen
die Schläfrigkeit der Boote
den chemischen Geruch der Wellen
die Windschaukel

ich genieße
die Sprünge der Worte
das Glücksgefühl der Umarmungen
das Wedeln der Schenkel
die Ballspiele

ich erlebe dich
indem ich dich bewußt berieche
ohne Betrübnis
mit Nostalgie
persönlich vergnügt

ti sento ogni volta
più estranea
ti vedo ogni volta
più assente

solo la fischiettata del pescatore
risuona familiare
solo la luna sul tiglio
ritorna all'occhio

ich empfinde dich jedesmal
fremd und fremder
ich sehe dich jedesmal
abwesend und abwesender

nur die Pfeifmelodie des Fischers
klingt vertraut
nur der Mond auf der Linde
kehrt zum Auge zurück

ancora una volta
a fare giri e rigiri
e rivedere la vecchiaia di mia madre

ancora una volta
strade piazze caseggiati e vite
rigonfie di ripetizioni

respiro l'ozono di noia e indifferenza
fra aliti di gioia e di tristezza
maturando il congedo dei rigiri

ora vado a seppellirli
nella tomba di famiglia

noch einmal hier
um die gleichen Runden zu drehen
um das Älterwerden meiner Mutter zu sehen

noch einmal
Straßen Plätze Wohnblocks und Leben
vollgepreßt mit Wiederholungen

ich atme den Ozon der Langweile
                    und Gleichgültigkeit
zwischen dem Hauch aus Freude und dem aus Trauer
und lasse den Abschied dieser Runden reifen

nun gehe ich sie beisetzen
in die Grabstätte der Familie

come l'omicidio
attira il sentimento
sul luogo del delitto

ritorno regolarmente
da omicida
sul luogo della rinuncia

vado a seppellire
immagini

wie der Mord
das Gefühl
zum Tatort zieht

komme ich regelmäßig
wie der Mörder
zum Ort meiner Aufgabe

ich trage Bilder zu Grabe

è
forse così

per vivere
dobbiamo autoconfermarci

continuamente
per dimenticare

la morte

es ist
vielleicht so

um zu leben
müssen wir uns selbst bestätigen

um den Tod
zu vergessen

andauernd

non trovo spazio
in questa lingua consumata

né origine
né sentimenti
garantiscono valichi

lungo i crepacci
di tempi e di luoghi:

mi sono disseminato
in altri suoni
in un'altra mia voce

ich finde keinen Raum
in dieser verbrauchten Sprache

weder Herkunft
noch Gefühle
garantieren Passierbrücken

entlang der Kluft
der Zeiten und der Plätze:

ich habe mich gesät
auf andere Klänge
in meiner anderen Stimme

ma provo a travasare in questi versi
i pesi di una giovinezza incarcerata

(sono dichiarati inseppellibili
i suoni dell'infanzia)

ma sono morti
nelle budella di anni espropriati

dove l'altra lingua cresce in me
ed abbraccia lo spazio senza radici

dove mi travaso in spirali

doch versuche ich in diese Versen
die Schwere einer gefangenen Jugend einzugießen

(Klänge der Kindheit werden
ohnehin als nicht beisetzbar erklärt)

aber sie sind gestorben
in den Gedärmen enteigneter Jahre

dort wo die andere Sprache in mir wächst
und den Raum ohne Wurzeln umarmt

dort wo ich mich in Spiralen eingieße

l'è vera ca só partì
par semper
ma'n só a burdèll ca tourna indrì
e mi viaz l'è un zir
inturn aj enn
ch'ja ad vni

es stimmt daß ich fort bin
für immer
ich bin nicht jemand der zurückkehrt
meine Reise dreht sich
um die Jahre
die kommen

avevo già descritto i monti
nel grigio allargato da luci ramificate
nella morsa di geli amari sotto un'aria illusa

avevo già goduto la nostalgia
impregnandola di amicizie dissolte
caricandola di incontri patetici

avevo già gioito della transitorietà
consumando i barbiturici delle illusioni
alimentandola con gli eccitanti dei ribassi

baciando le labbra delle giornate anonime
ma ora ecco
l'attimo dell'impatto carnale:

ci amiamo sbadigliando
ignorandoci
da eccellenti metropolitani

ma poi ci daremo felici
la buonanotte
augurandoci:

se non dovessimo palparci più
consolati a rate
e crepa con splendore

ich hatte bereits die Berge geschildert
bei einem von Lichtern gefächerten Grau
in der Klammer des bitteren Frostes
        unter dem Einfluß einer trügerischen Luft

ich hatte bereits die Nostalgie genossen
sie mit aufgelösten Freundschaften durchtränkt
mit pathetischen Begegnungen beladen

ich hatte mich bereits über die Vorläufigkeit gefreut
indem ich das Barbiturat der Selbsttäuschungen konsumierte
und die Aufputschmittel der Sonderangebote einnahm

dabei küßte ich die Lippen der anonymen Tage
und doch ist er jetzt da
der Augenblick des wollüstigen Aufpralls:

wie lieben uns gähnend
und beachten uns nicht
wie ausgezeichnete Großstädter

aber dann werden wir uns beglückt
gute Nacht sagen
und den Glückwunsch aussprechen:

falls wir uns nicht mehr tätscheln sollten
vertröste dich in Raten
und stirb glanzvoll

colline su corpi
alberi su un ruscello sgattaiolante
cespugli su prati
ponti sull'aspro di un'aria incenerita

con rocce accasciate su rocce
accarezzate da un'acqua schiumosa
s'abbracciano nelle ombre illuminate

Hügel auf Körpern
Bäume am sich fortschleichenden Bach
Büsche auf Wiesen
Brücken auf der Strenge
            einer eingeäscherten Luft

mit Felsen auf Felsen gelegen
gestreichelt von einem seifigen Wasser
sie umarmen sich in strahlenden Schatten

questa terra che dite vostra
è una briciola nell'orizzonte barcollante

che ci accompagna con allegria
verso una fame senza mani
in direzione di una luce senza forma
all'incontro di una fusione di nuclei

ma sappiamo consolarci:
saremo anche noi
energia pura purissima

dieses Land das ihr zu eurem erklärt
ist ein wackliger Horizontkrümel

der uns freudestrahlend begleitet
zu einem Hunger ohne Hände
zu einem Licht ohne Gestalt
zu einer Begegnung mit der Kernverschmelzung

aber wir wissen uns zu trösten:
wir werden wohl auch werden
die reine ja die reinste Energie

fra cipressi ibridati e pinete cosmetizzate
semino sguardi a cercare
la nascita d'un nuovo rapporto

t'amo e t'amo
più di quanto riesco ad ammettere

ben so che i miei sguardi sono i loro
i miei passi non sono miei

conosco fin troppo le scappatoie:
macché sì che t'amo

zwischen hybridisierten Zypressen
und kosmetisierten Pinienwäldern
säe ich Blicke auf der Suche
nach der Geburt einer neuen Beziehung

mehr als ich zugestehen kann
liebe ich dich und liebe dich

ich weiß wohl daß meine Blicke die ihren sind
und meine Schritte nicht die meinen sind

ich habe allzu gut gelernt
                    die Flucht zu ergreifen
aber nein liebe ich dich!

guardo dalla finestra
con sentimenti archiviati
e scopro la banalità
con il filtro dell'emigrazione:
nell'eguaglianza di una nuova Europa
permane la differenza

ich schaue aus dem Fenster
mit archivierten Gefühlen
und entdecke die Banalität
mit dem Filter der Auswanderung:
im Gleichsein eines neuen Europas
bleibt die Differenz

le città crescono e scompaiono
in un mare di pattumiere e brace

ammettiamolo:
resteranno solo le ossa del tempo

die Städte wachsen und verschwinden
in einem Meer aus Müll und Glut

räumen wir es ein:
nur die Knochen der Zeit werden übrigbleiben

cosa rimarrà da dire
in questo angolo di mondo
amalgamato da cicatrici
chinato su sentimenti circolari?

dietro il cellofan dorme un sogno –
se lo svesto
se lo copro di tenerezze
si sveglierà senza faccia
e senza braccia fuggirà

non lontano ma come in passato
irraggiungibile
e manterrà dei lineamenti pazzi
felici e stremati
come i miei

was bleibt noch übrig zu sagen
auf dieser Ecke der Welt
übersät mit Narben
gebeugt über sich drehende Gefühle?

hinter dem Cellophan schläft ein Traum –
wenn ich ihn entkleide
wenn ich ihn mit Zärtlichkeiten bedecke
wird er ohne Gesicht aufwachen
und ohne Arme wird er flüchten

nicht weit weg aber wie bisher
unerreichbar
wird er verrückte Grundzüge beibehalten
glücklich und zermürbt
wie meine

come abbonda questo corpo
in giornate di luci sfavillanti:
qui le gote straripano dalle finestre
e le gambe gonfie dondolano
dal materassino di un bimbo non ancora nato

qui si partoriscono monumenti
in ogni vicolo cieco
mentre io rimango sotto le frecce
di una luna armata

ma sì che continuo a restare fuori
ma sì lì tocco il battito
di una pelle sconosciuta

dieser Körper wird reichlich
in den Tagen aus sprühendem Licht:
hier treten die Backen aus den Fenstern
und baumeln die geschwollenen Beine
an der Matratze eines noch nicht geborenen Kindes

hier gebiert man Denkmäler
in jeder Sackgasse
während ich mich unter den Pfeilen
eines bewaffneten Mondes aufhalte

aber ja ich werde draußen verweilen
aber ja dort berühre ich den Pulsschlag
einer unbekannten Haut

certo che apparecchierò la tavola
con piatti straboccanti
con calici focosi & veglianti strapotenti

certo che ti osserverò allo specchio
dove sarai almeno in due
e riempirai le stanze quotidiane con tanti sosia

certo che collegherò le mie labbra
con quelle dell'amante
assaporando l'odore delle alghe

certo che infilzerò nel tuo ombelico
un sensore a misurare
la tua distanza dalle comete cadenti

gewiß werde ich den Tisch decken
mit überquellenden Tellern
feurigen Kelchen & ultrastarken Wachmitteln

gewiß werde ich dich am Spiegel verfolgen
wo du zumindest zu zweit stehen
und die Räume des Alltags füllen wirst
        mit einer Vielzahl Doppelgänger

gewiß werde ich meine Lippen
mit denen der Geliebten verbinden
und darin den Algengeruch schmecken

gewiß werde ich in deinem Nabel
einen Fühler verankern
        um deine Entfernung
von den fallenden Kometen zu messen

infine l'ultima ancora dei giri e rigiri
da mio fratello
ad ispirare una sottocutanea vicinanza
nel vecchio castello veronese
sedendo sotto gli strilli del sassofono:
ondulazioni virtuose di un jazz malinconico
impregnato di rabbia arcaica
che è intimità
in un quotidiano estraniato –
ma noi trinchiamo birra e vino sofisticato
congedando ciò che ci porta indietro ed in avanti
e mentre affondo nel letto la stanchezza
mi chiedo senza risposta
perché tiro fuori parole tedesche
in discorsi tra fratelli
e bacio i giri senza ritorno

anschließend der letzte Anker
aus Wegen & Umwegen:
ich sitze bei meinem Bruder
atme die subkutane Nähe ein
im alten Veroneser Schloß
und sitze vor den Schreien eines Saxophons:
die virtuosen Wellen eines melancholischen Jazz
durchtränkt mit einer archaischen Wut
alltäglich vertraut
in einem entfremdeten Alltag –
aber wir trinken Bier und gesüßten Wein
und verabschieden das
was uns nach vorne und zurück bringt
und während ich die Müdigkeit ins Bett versenke
frage ich mich ohne Antwort
warum ich deutsche Worte
im Gespräch zwischen Brüdern hervorhole
und küsse die Wege ohne Rückkehr

nei ciclici »I mi zir«
mi ritrovo nel centro
di uno spavento divertito

con quei bei solidi incubi:
sei una bellezza
consolidata da buchi

bei den wiederkehrenden »I mi zir«
finde ich mich wieder in der Mitte
einer vergnüglichen Furcht

mit jenen schönen soliden Alpträumen:
du bist eine Schönheit
die mit Löchern verfestigt ist

che sollievo
riconfermarsi:
il ritorno è impossibile

senza volersi ingannare
senza consolazione
esiste solo l'incontro

welch eine Erleichterung
sich zu bestätigen:
die Rückkehr ist unmöglich

ohne sich täuschen zu wollen
ohne zu trösten
es existiert nur die Begegnung

il soggiorno puzza
per i giorni dell'ospite

e con la nausea
s'invigorisce la fame

di casa mia
estranea

mit den Tagen des Gastes
der Aufenthalt stinkt

und mit dem Ekel
verstärkt sich der Hunger

nach meinem fremden
Zuhause

ritornato nella mia casa estranea
non riesco a ritornare:

il percorso è lastricato
di orologi al quarzo:

il luogo non genera più
ciò che rimane della vita

è la guerra dei pulsanti
pilotata dal tempo senza dimora

zurückgekehrt in mein fremdes Zuhause
gelingt es mir nicht zurückzukehren

die Strecke ist gepflastert
mit Quarzuhren

der Ort erschafft nicht mehr
das was vom Leben bleibt

es ist der Krieg der Drucktasten
gesteuert von der Zeit ohne Wohnsitz

da quella nudità
con quel cognome
sull'asfalto o sull'erba
non esistono
né crescono percorsi

anche se vegetiamo
ancora in vizi circolari
questi sì
che sono vicoli da spalancare
alle parole e al silenzio

questi sì
che sono vicoli che potrebbero sfociare
nell'inchiostro
di una lingua
non ancora nata:

von jener Nacktheit
mit jenem Zunamen
auf dem Asphalt oder auf dem Gras
existieren und entstehen keine Wege

auch wenn wir noch
in zirkulären Lastern vegetieren
diese oh ja
diese sind Gassen
die aufzureißen sind
hin zu den Worten und zum Schweigen

diese oh ja
diese sind Gassen
die sich ergießen können
in die Tinte
einer noch nicht geborenen Sprache:

mi intravedo in un lampo
e scompaio

non mi raggiungo mai:
finché capisco dove mi trovo

continuo ad avanzare
e mi corro dietro

blitzartig erahne ich mich
und verschwinde

ich erreiche mich nie:
bis ich begreife wo ich stehe

gehe ich schon voran
und renne hinter mir her

laufend

Gedichtzyklus
Ciclo di poesie

die Bäume ächzen
im Zwielicht

der Weg ist gepflastert
mit Baumstümpfen

ein Krankenwagen kündigt sich
heulend an

die Sirene verschwindet
im Wind

du und ich laufen weiter
zur mächtigen Zwiesel hin

gli alberi gemono
nella luce ambigua

il sentiero è lastricato
di tronchi decomposti

l'ambulanza s'annuncia
urlando

la sirena si dilegua
nel vento

tu ed io continuiamo a camminare
verso il possente albero a due tronchi

das Licht ist glitschig

die Schneefolie schwindet

das Laub schimmert

                rostig & verschwitzt

die Gedanken rutschen

das Gefühl vermatscht

die Beine laufen hohl

la luce è sdrucciolevole

la lamina di neve si dissolve

il fogliame marcio luccica

                              arrugginiti & sedanti

i pensieri scivolano

i sentimenti rimangono poltigliosi

le gambe vanno a vuoto

:am Himmel blühen Eiszapfen
die Kälte wird blau
die Häuser haben ein totes Kleid angezogen:
es war einfältig zu glauben
es gäbe eine Heimat in der Fremde:
das kann nur als Hirngespinst entstehen
solange im Hauch Eiszapfen blühen
& die Luft blauäugig scheint
& das Morsche zu Zement wird:
eine Heimat in der Fremde ist
wie eine Totgeburt
wie ein Zuhause in der Heimat
eine Chimäre bleibt:
ich räume es ohne Selbstmitleid ein
wo ich mein Brot verdiene
schaue ich auf die Menschen
und auf mich
durch die Lebenshypothesenbrille
was soll ich also mit den Quadratmetern
& der chemie- und lärmgesättigten Luft
& den auswechselbaren Geräten?
was soll ich mit Worten
die mich allesamt in einen egomanischen Käfig sperren?
also welche Trauer aber ja welch ein Trost:
ich bleibe meine eigene Lebenshypothese:
in meinem Gehäuse aus Wasser und Gas
verflüchtigt mich die Zeit
bis dorthin werde ich zig Heimaten begraben:

:nel cielo fioriscono ghiaccioli
il freddo si fa blu
le case indossano vestiti da morti
quant'era ingenuo credere
in una heimat nella fremde
ciò sorge solo da idee cervellotiche
fin tanto che fioriscono ghiaccioli nel sospiro
& l'aria s'azzurra d'ingenuo
& il fradicio si fa cemento:
una heimat nella fremde
è come un parto con feto morto
così come volersi sentire a casa
rimane una chimera:
lo ammetto senza autocommiserazione:
dove mi guadagno il pane
osservo la gente e me stesso
con l'ottica delle ipotesi esistenziali
che me ne faccio quindi dei metri quadri
& dell'aria satura di rumori e di chimica
& degli apparecchi interscambiabili?
a che mi servono le parole
che mi ingabbiano in un ambiente egomaniaco?
allora quindi che tristezza
ma sì che consolazione:
io rimango
la mia unica ipotesi di vita
e nel mio guscio d'acqua e di gas
il tempo mi dissolve:
fino a lì chissà quante ne seppellirò di heimaten

wo bin ich hingekommen?
wo läuft bloß die Heimat hin?
kann ich mich froh wähnen
keine unter den Füßen zu haben?
bin ich etwa dort wo ich hingehen wollte?
bin ich in einem Zuhause angekommen
das ihr Heimat nennt?
rennt die Heimat grundsätzlich vorneweg?
läuft sie laufend fort?
bewegt sie sich wie ein Karussell?
und ihr tretet auf der Stelle?
und wo läuft mein Sohn hin?
ist er meine neue Heimat geworden?
ganz gleich was er aus sich machen wird?

dove sta andando la patria?
dove sono andato a finire io?
non sento una patria sotto i miei piedi:
posso immaginarmi felice?
sono arrivato in quel luogo dove volevo andare?
sono giunto in una casa
che voi chiamate patria?
sta lei correndo sempre in avanti?
sta scappando di continuo?
gira su se stessa come una giostra?
e voi vi state fermando?
e dove sta andando mio figlio?
sta diventando lui la mia patria?
a prescindere da quello che farà di se stesso?

im Morgenlicht keimt
das Wort
wissend
es wird in den Winkeln des Tages
verblühen:

der Tag ist so eckig
wie das Leben
und so zirkulär
wie die Gedanken
und der Strudel der Arbeit:

mit der Abenddämmerung
suchen die Farben
die Ruhe für die Worte
die versuchen werden
aus der Nacht auszubrechen

nella luce mattutina
germoglia la parola
sapendo:
sfiorirà
negli angoli del giorno:

la giornata è spigolosa
come la vita
e così circolare
come il pensiero
e il vortice del lavoro:

con il crepuscolo
i colori cercano
la pace per le parole
che tenteranno d'evadere
dalla notte

unter dem mächtigen Laub
spreizen sich die Wurzeln am Boden entlang
knorrig und dicht verzweigt
wie die Runzeln Mendelssohns
angesichts der Fratzen Lavaters
und der Scheinheiligkeit Lessings

für mich vor allem holprig
wie der Weg zu uns
doch sie ziehen mich zu sich
und lassen mich nicht los
und wollen mich einwurzeln
mich in ihrem Angesicht käfigen

sotto il poderoso fogliame
si dispiegano diramandosi le radici
nocchierute e fitte
come le rughe di Mendelssohn
di fronte alle smorfie di Lavater
e l'ipocrisia di Lessing

ma per me per lo più scabrose
come il sentiero che porta a noi
ma loro mi tirano nella loro direzione
non mi lasciano
vogliono impiantarmi
e ingabbiare nel loro volto

das Licht wird dünner
die Luft verschwitzter
der Blick getrübt

& die Haare färben sich grau
& die vergilbten Blätter fallen nieder
& die Rinde riffelt sich mehr und mehr
& die Ringe vermehren sich im Stamm
& das Geäst lichtet sich
von Jahr zu Jahr

ja beim Anblick meiner Selbst
ist der Herbst unverkennbar
unwiderruflich

& doch an den Ästen wachsen
Seite an Seite die Trauer & die Freude
sie vermehren sich & werden prall
wie ein Khakibaum
im Winter fast ohne Blätter
mit fleischigen Früchten beladen

la luce si fa più sottile
l'aria più trasudata
lo sguardo torbido

& i capelli si colorano di grigio
& le foglie ingiallite cadono
& la scorza si scannella sempre più
& gli anelli aumentano nel tronco
& i rami si diradano
di anno in anno

sì osservandomi
l'autunno è inconfondibile
irrevocabile:

ma sui miei rami crescono
fianco a fianco tristezza e gioia
si proliferano & diventano turgide
come su un caco
carico di frutti carnosi
in un cielo invernale

Steinplatten, grober Kies, Mörtel
durchtränken das Licht
grau, rostbraun, blechblau

du und ich sind wie die Distel
und der Löwenzahn:
wir lassen uns nicht vertreiben

wir erzwingen uns jedes Jahr
und wachsen hoch und kräftig
mit stachligen Blättern und gelben Blüten

& glitzern unerbittlich

lastre di pietra, ghiaia, malta
impregnano la luce
di grigio, marrone arrugginito, blu metallico

tu ed io siamo
come il cardo e il dente di leone:
non ci lasciamo espellere

ci imponiamo ogni anno
e cresciamo forti e solidi
con foglie argute e fiori gialli

& luccichiamo inesorabili

laufend
Schritt für Schritt
bin ich tief in den Wald gekommen

tief & tiefer

Blätter und Ruten verschlingen
die Schritte
und lassen mich trauerweidig werden

trauerweidig & trauerweidiger

das scharfe Grün
sticht in die Augen
und läßt mich frösteln

frösteln & fröstelnder

Freunde, Freunde
es ist Sommer
zieht euch aber warm an

warm & wärmer

camminando
passo dopo passo
sono giunto nel profondo del bosco

        nel profondo & più profondo

foglioline e verghe divorano
i miei passi
e mi trasformano in un salice piangente

        salice piangente & ancor più piangente

il verde aguzzo
penetra negli occhi
e anima i brividi

        brividi & ancor più brividi

amici, cari amici
siamo in estate
ma c'e da coprirsi bene

        bene & ancor meglio

ich verstricke mich
im Gestrüpp des Tagesablaufs

meine Gedanken verhaken sich
im Alltag des Zivilisationsstaus

sogar die Bäume verfahren sich
in der bleiernen Luft

ja ich schaffe es nicht mich daraus zu entstricken
vor allem nicht mich im Stau einzurichten

solange sich die Weltkarawane staut
im stürmischen Licht

und nicht das Licht
in der stürmischen Weltkarawane

darf ich hoffen daß der persönliche Stau sich auflöst
irgendwann irgendwo irgendwie

und mich zu dem Gefühl trägt
das mich nicht trügt

m'impiglio
nel groviglio ordinario

i miei pensieri restano scombussolati
nel quotidiano ingarbugliato della civilizzazione

persino gli alberi si smarriscono
in quest'aria di piombo

sì non ce la faccio a districarmi
neanche a sistemarmi nell'ingorgo
                              a renderlo abitabile

fin tanto che la carovana del mondo
si ristagna nella luce impetuosa

e non la luce
nella fragorosa carovana del mondo

posso continuare a sperare che l'ingorgo personale
                              si dissolva
chissà quanto chissà dove chissà come

e mi trascini in quel sentimento
che non m'inganna

hier im Kinder- und Jugendheim
wo emotional Entwurzelte ein Zuhause bekommen
ist der Leiter ein Eichenbaum
der seine Krone über sie ausbreitet

laufend

rüttelt er brüllend seine Äste
und baut seine Statur im Licht

wer sich an ihn zu sehr heranwagt
wer sich an ihm zu reiben beginnt
entdeckt unter der Rinde
einen prächtigen Mimosenbaum
der keine Unsicherheit verträgt
& vom Wind flatterig wird

doch wenn er blüht
wenn er mit der Sonne strahlen kann
duftet & flirrt prächtig das Gelb

qui nella comunità dove bambini e ragazzi
sradicati dalle loro emozioni
hanno trovato una casa
il direttore è come una quercia
che estende su di loro la sua cima

di continuo

scuote mugghiando i suoi rami
e impianta la sua statura nella luce

chi prova ad andargli troppo vicino
chi prova ad avere attriti con lui
scopre sotto la sua scorza
una mimosa meravigliosa
che non sopporta l'insicurezza
& diventa volubile col vento

però quando fiorisce
quando può splendere insieme al sole
il suo giallo profuma & scintilla lussureggiante

laufe & laufe
belaufe & belaufe
umlaufe & umlaufe
anlaufe & anlaufe
entlaufe & entlaufe
fortlaufe & fortlaufe
verlaufe & verlaufe
zerlaufe & zerlaufe
totlaufe & totlaufe
ablaufe & ablaufe
laufend & laufend

cammino & cammino
percorro & percorro
giro & rigiro
accorro & accorro
sfuggo & sfuggo
scappo & scappo
mi perdo & mi perdo
mi struggo & mi struggo
vado nel nulla & vado nel nulla
mi svuoto & mi svuoto
di continuo & di corsa

die Sterne funkeln weiterhin
            unfaßbare Botschaften
die Sonne hält unsere Wärme aufrecht
der Frosch quakt im Teich und frißt Mücken
die Fische im Aquarium feiern
die Aussetzung des nackten Lebens
und schauen gebannt
            auf nehmende und gebende Finger
ich schüttle mich
und suche laufend
die Freundlichkeit in den Träumen
wie auch die Dichte des Lebens

le stelle sfavillano messaggi inconcepibili
il sole mantiene a galla il nostro calore
la rana gracida nello stagno
e divora mosche
i pesci festeggiano nell'acquario
                  la sospensione della vita nuda
ed osservano ansiosi le dita
che prendono e danno
io mi scuoto
e cerco continuamente
la benevolenza dei sogni
come pure l'intensità della vita

es staut sich im Fluß
und es fließt im Stau

die Steine verschränken
sich in den Harnleitern

sie machen deutlich:
ich bin verwüstlich

und fließe unentrinnbar
der letzen Atemnot entgegen

und doch harre ich noch aus
unverrückt im Leben

s'ingorga nel flusso
e scorre nell'ingorgo

i calcoli s'incagliano
nell'uretere

evidenziano:
io sono distruttibile

e scorro ineluttabilmente
verso l'affanno finale

eppure rimango ancora
inamovibile nella vita

durch deinen Blick
strömt ins Haus
das Flair deiner Passionsblume

klar doch, auch wenn ich beinah
blind und taub im Haus herumwandere
und dumpf erscheine
zweifle nicht

ich nehme deine Ausstrahlung wahr
und die Maserung deiner Steine
ganz zu schweigen von deinem Duft:
wie bisher

l'aura della tua passiflora
sfocia nelle stanze di vita quotidiana
con il tuo sguardo

ma certo, anche se sembro un viandante
quasi cieco e sordo
cupo
non dubitare

percepisco le tue emanazioni
le venature delle tue pietre
e ancor più il tuo fascino:
come da sempre

vor gemaserten Steinen sitzen
in ihr Gehalt tauchen
aufgehen
in ihrem Glanz vorkommen
rausgehen
dem Leben seine Maserungen verleihen

sedere davanti a pietre marezzate
tuffarsi nella sua sostanza
e sorgere nel suo splendore
diventare evidente
uscirne
prestare la marezzatura alla vita

ich werde daran erinnert:

nur für euch ist sie
Mutter
mir wurde sie lediglich nur geliehen

sagt was ihr wollt

ich spüre wie sehr ich sie liebe
& aus mir entspringt
wie aus uraltem Quell

und sich durch mich gestaltet

ich fühle wie sie mich lebendig macht
& mich verankert
im Fluß unsres Lebens

ich möchte mir sagen

sie ist ein Garten
& eine Blume
& der Blütenstaub meines Sohnes

mi viene ricordato:

solo per voi sarebbe
madre
a me è stata data solo in prestito

dite quel che vi pare

sento quanto l'amo
& che da me sgorga
come da una sorgente antica

e si plasma attraversandomi

sento come mi riempie l'esistenza
& mi ancora
al flusso della nostra vita

mi voglio dire

è un giardino
& un fiore
& le polline di mio figlio

die Jahre ächzen
im Wind

auf dem Weg
rankende Blicke

flüsternd suchen sie
den steinalten Halt

du schüttelst dich
ich recke mich

die Ranken
verschwinden im Zwielicht

wir laufen weiter
an der Zwiesel vorbei

gli anni gemono
al vento

lungo la via
sguardi rampicanti

bisbigliando cercano
sostegni remoti

tu ti scuoti
io mi raddrizzo

i viticci scompaiono
nella luce ambigua

noi proseguiamo il cammino
oltre l'albero a due tronchi

Postfazione

Ho sviluppato il ciclo »I mi zir« durante una tourné di letture in Italia nel 1989 come scrittore di lingua tedesca; tourné sostenuta in sostanza dal Goethe-Institut. In quell'occasione ho viaggiato su e giù per l'Italia, da Milano a Palermo, e ho confrontato non solo i miei ascoltatori con la realtà poetica di un emigrato, ma anche me stesso, come romanziere e poeta in lingua tedesca, con la realtà di un'Italia in via di profonde trasformazioni. Avevo interrotto di scrivere in italiano e dal 1980 avevo iniziato a scrivere le mie opere solo in lingua tedesca. Con l'impulso di stilare le poesie in italiano ogni volta che entravo in territorio italiano, ho concluso l'opera nel 1993, giungendo a 49 poesie, delle quali *solo* 36 sono state scelte per questa pubblicazione. Come si può notare il titolo proviene dal romagnolo e si può tradurre in italiano con un semplice »I miei giri«. La versione tedesca del ciclo l'ho scritta quasi dieci anni dopo.

In quel periodo stavo terminando un nuovo ciclo di poesie con il titolo »laufend«. Queste poesie, stese in lingua tedesca fra il 1995 e il 2004, si dedicano al quotidiano tedesco che con gli anni cambia e in sostanza rimane uguale. Coniugando »I mi zir« in lingua tedesca e continuando a scrivere le poesie di »laufend« mi sono ritrovato di fronte alla domanda: »Come suonerebbe la logica del mio quotidiano tedesco in lingua italiana?«. La logica della conduzione linguistica a doppio binario non l'ho portata a fondo per tutto il ciclo di solo 39 poesie di »laufend«. In queste pagine ne voglio presentare 19. Nella cernita non hanno influito solo i criteri di base linguistica, ma anche gli aspetti di maturità poetica. Ciò che mi è risultato maturo è qui presente, in questo volume.

A questo punto alcune osservazioni: le poesie non sono state tradotte. A differenza di un traduttore, che trasporta un'opera da una lingua all'altra e sente l'obbligo di eseguire una traduzione in un modo espressamente fedele, il poeta bilingue si trova di fronte alla magnifica possibilità di fare parlare in due lingue le stesse percezioni, gli stessi pensieri, gli stessi sentimenti. Di certo si equivalgono i contenuti, di certo le parole intendono le stesse cose, ma in ogni lingua si avvia qualcosa di diverso, anche se si tratta spesso di una differenza graduale.

Ogni persona bilingue fa l'esperienza che in tutte due le lingue percezioni, pensieri e sentimenti sono sottomessi ad una logica che è propria della lingua. Ma c'è di più. Quando una persona bilingue si trova di fronte ad esperienze quotidiane, questi scopre situazioni, dove le dimensioni linguistiche, a livello personale, si ritrovano in sintonia fra loro, ma trova anche situazioni, dove esse si scoprono in bisticcio e/o si bloccano reciprocamente. Sotto quest'ottica è ovvio che ogni persona bilingue percepisce ed ancora le dimensioni linguistiche in un modo ben specifico; la propria biografia si volteggia in ognuna delle due lingue in modo diverso. In questo senso la persona bilingue avvia di continuo una specie di localizzazione personale nella lingua, crea quindi un tentativo d'ancoraggio che è ancor più indicativo, più si vive in modo più cosciente i propri primi piani e il proprio sfondo linguistico personale. In quanto a ciò ogni persona bilingue si muove in due mondi linguistici paralleli. Per questo motivo non ho tradotto in modo fedele le poesie da una lingua all'altra. Il lettore, che ha la sensazione di giocare in casa in ambedue le lingue, può prendere queste poesie come occasione per lasciare incontrare i due mondi linguistici nella loro concordanza e nella loro differenza.

Al fin fine voglio ringraziare Giuseppe Giambusso e Gino Chiellino per le loro osservazioni critiche e per il loro sostegno, contribuendo così alla pubblicazione di questo volume.

Franco Biondi, Hanau, gennaio 2005

Nachwort

Der Zyklus »I mi zir« entstand im Zusammenhang mit einer Lesereise als deutschsprachiger Schriftsteller für das Goethe-Institut 1989 in Italien. Bei dieser Gelegenheit reiste ich quer durch Italien von Mailand bis Palermo und konfrontierte nicht nur den Zuhörer mit der poetischen Realität eines Ausgewanderten, sondern auch mich, als deutschsprachigen Romancier und Lyriker, mit der Realität Italiens. Obwohl ich seit 1980 meine Werke nur noch auf Deutsch verfaßt hatte, hatte ich den Drang, diesen Zyklus auf Italienisch niederzuschreiben. Was auch geschah. Zwischen 1989 und 1993 dichtete ich, sobald ich das italienische Territorium betrat, an diesem Zyklus auf Italienisch weiter, bis insgesamt 49 Gedichte vorlagen, von denen ich in diesem Band 36 übernommen habe. Der Titel selbst entstammt dem romagnolischen Dialekt: »I mi zir« meint auf Deutsch ungefähr »Meine Runden«, aber auch »Meine Drehungen« und warum nicht »Meine Windungen«. Die deutsche Version entstand wiederum fast zehn Jahre später.

In dieser Zeit hatte ich den Gedichtzyklus »laufend« fast abgeschlossen. Diese zwischen 1995 und 2004 verfaßten Gedichte schrieb ich auf Deutsch und beschäftigte mich darin mit den »deutschen Zuständen«, die sich mit den Jahren wandeln, doch stets ähneln. Als ich zeitgleich »I mi zir« auf Deutsch konjugierte und an »laufend« weiterschrieb, fragte ich mich: »Wie würde die Logik meines deutschen Alltags auf Italienisch klingen?« Die Logik der doppelten Sprachführung habe ich nicht bei allen 39 Gedichten des Zyklus »laufend« umgesetzt; hier möchte ich nur 19 vorstellen. Bei der Auswahl gab es Aspekte, die nicht nur sprachlicher Natur waren und ihre Reifezeit brauchten; was reif ist, liegt nun hier vor.

118

Und noch eine Anmerkung: Diese Gedichte sind nicht übersetzt worden. Anders als der Übersetzer, der ein Werk in eine andere Sprache überträgt und dabei einen Zwang zur Übertragungstreue hat, verfügt der zweisprachige Lyriker über die wunderbare Möglichkeit, die gleichen Wahrnehmungen, Gedanken und Gefühle in zwei Sprachen sprechen zu lassen. Zwar gleichen sich die Inhalte, zwar meinen die Worte das Gleiche, doch in jeder der beiden Sprachen schwingt etwas anderes mit, auch wenn es sich stets um graduelle Unterschiede handelt.

Jeder zweisprachige Gesprächspartner macht die Erfahrung, daß in jeder Sprache Wahrnehmungen, Gedanken und Gefühle ihre eigentümliche Logik haben; wenn man sie parallel erlebt, befindet man sich als Zweisprachiger hin und wieder in Situationen, in denen die eröffneten sprachlichen Dimensionen harmonieren oder sich auch beißen und/oder gegenseitig lähmen. Es ist offensichtlich, daß jeder Zweisprachige die sprachliche Dimension in der jeweils anderen Sprache anders erlebt und dementsprechend sprachlich anders verankert; die eigene Biographie schwingt in den Sprachen tüchtig mit. In diesem Sinne findet in beiden Sprachen immer eine Ortung statt, der Versuch einer Verankerung, die um so bedeutsamer ist, je existentiell bewußter mit beiden kulturellen und sprachlichen Hinter- und Vordergründen gelebt wird. Insofern bewegt sich ein Zweisprachiger wie ich in zwei parallelen Sprachwelten. Aus diesem Grund habe ich die Gedichte nicht wortgetreu von einer Sprache in die andere übersetzt. Möge der Leser, der sich in beiden Sprachen Zuhause fühlt, diese Gedichte als Anlaß nehmen, seine Sprachwelten in ihrer Übereinstimmung und Unterschiedlichkeit begegnen lassen.

Abschließend möchte ich mich bei Giuseppe Giambusso und Gino Chiellino für ihre kritische Anmerkungen und ihre Unterstützung bedanken, die zu der Veröffentlichung dieses Gedichtbandes beigetragen haben.

Franco Biondi, Hanau im Januar 2005

Franco Biondi

Der Stau

Roman

280 S., geb., ISBN 3-86099-481-6

Milú Migrò ist ein Einzelgänger. Aber kein Verlierertyp. Im Gegenteil. Ein feinsinniges Portrait der psychosozialen Helfer- und Literaturszene voll bizarrer und grotesker Geschehnisse und Persönlichkeiten.

Ein multiples Spiel mit schillernden Identitäten. Ein Blick auf die Abgründe menschlicher Existenz und gesellschaftlicher Fehlpässe.

Biondi »behandelt die Sprache wie eine wunderbare Geliebte.«

(Strandgut)

Franco Biondi

In deutschen Küchen

Roman

272 S., geb., ISBN 3-86099-455-7

»Brot für die Zähne« – ein Sittengemälde der unruhigen 60er Jahre aus der Sicht eines jungen »Gastarbeiters« aus Italien.

Franco Biondis »Metapherngebilde haben einen Zug zur Komik des Hyperbolischen, wie wir ihn aus Dichtungen des 16. und 17. Jahrhunderts kennen.«

(Frankfurter Allgemeine Zeitung)